En alas de libélula

Portada: Miyajima, Japón
Fotografía: Ana María González
Diseño: Michael Godeck

Primera edición 2016
©Ana María González
chiringapress@gmail.com

ISBN 978-1-61012-036-4

En alas de libélula

Ana María González

Chiringa Press
Seguin, Texas 2016

Las libélulas son en realidad residuos del alma humana
vagando en busca de un atajo hacia el destino.

Carlos M. Villalobos

Entre libélulas

Entre libélulas
busco mi camino
dando pasos sobre la hierba seca
sobre esta tierra agrietada,
carcomida por el sol
masticando el polvo del sendero;
la ausencia del agua
es apenas una señal
de todas las carencias
que sufrimos;
destino incierto,
perdidos en el horizonte
de la injusticia
para llegar con los brazos huecos
y las manos vacías
a las fronteras de avaricia
habitadas por hombres
sin prejuicios,
con desmedida malicia.

Libélulas
que me alienten con el vuelo
de sus alas transparentes
llenas de un viento fresco,

matutino, vespertino
en la caída de la noche
encontradas con luciérnagas
que no conocen
el miedo a la oscuridad,
ese temor que nos invade
cuando niños,
que no nos deja abrir los ojos
para ver a los demás;
hermanos de la vida,
con quienes seguimos juntos
nuestra carrera contra la muerte,
la inoportuna intrusa
que con visible descaro
se planta en todas partes.

Abrazo

Aguardo la dicha
de rendirme en tus brazos
en ese abrazo apretado
largamente prometido,
eternamente anhelado.
Con la fortaleza
de un encuentro merecido
ganado como recompensa
a la paciente espera
de tantos soles y tantas lunas
que no hemos compartido.
Rendida como una oveja a su pastor
sintiéndose segura y protegida;
como la noche se rinde al sol
que al tiempo de vencerla
le promete una nueva bienvenida;
como las flores se rinden al agua
para recibir de ella la vida.
Rendida para perecer al mundo
y renacer en la verdadera dicha.

De la mano

Piel en contraste
cabellera opuesta
se abrazan
se acercan
sonríen
deciden
se levantan
y se marchan
tomadas de la mano
felices
y por una pendiente
se pierden
estas dos mujeres

Café

Único trago amargo deseable,
aroma salvador de almas profundas
y solitarias,
compañía inseparable del pan
que nos hace volver a la infancia
por el camino de la memoria
de un sabor impregnado
de nostalgia silvestre.
Regocijo de la vida
y celebración de la muerte,
sin edades,
sin fronteras,
que me seguirá
hasta la reunión de amigos,
conocidos y curiosos,
disfrutándote en mi nombre
alrededor de un velorio,
antes de encerrarme en la
insípida oscuridad de la tumba.

Hombre

Un hombre desnudo
está rectamente dormido en mi cama,
imitación de muerto.

Me toca las piernas con su mirada.

Aunque no habla, no dice nada,
sé lo que piensa, lo que sueña, lo que ama.

Entre dos mares

Navegando entre dos mares
me encuentro en medio de una tempestad
alternando luminosidades
y fuertes vientos de soledad.

En un mar perenne se encuentra
la puesta del sol,
el matiz de los pinceles
que entre nubes en flor
dejan una gama de colores.
Y en una ventana de luz
que traspasa el horizonte
aparecen las luciérnagas
en busca de sus amantes.

En el otro mar
la esperanza hace de las ilusiones realidades
con un extender de alas
y con las gaviotas volar
en todas direcciones
con el empuje de los vientos,
sin destino,
sin brújula,
sin dudar.

Y así busco la firmeza del timón
para no arrojarme a la voracidad
de un océano en tempestad
y con grandes esfuerzos mantengo
la proa en alta mar,
evitando a diario el naufragio
de un corazón inquieto
y de un cuerpo en delirio
en la incesante búsqueda
de descubrir lo que es mi vida,
para mí, para los demás,
para la humanidad.

Como agua

Como agua por los dedos,
los días se me escurren
entre los deseos de ser,
de lograr,
de escribir…
y se escapan,
se diluyen,
en caminos de arroyos
y manantiales,
de surcos y veredas,
dejando estelas y fisuras,
por donde corre el tiempo
sobre la piel que habito
formando así mis arrugas…

En lugar...

En lugar de regalos,
la dolorosa blancura de las flores;
en lugar de una sonrisa,
una severa mueca de pena;
en lugar de llantos infantiles,
los llantos de todos;
en lugar de juegos divertidos,
la compañía de los angelitos;
en lugar de una canción de cuna,
una oración para su descanso eterno;
en lugar del tierno lecho,
un rinconcito en el cementerio...

Parler

Je voudrais te parler,

parler pour parler,

parler seulement

pour utiliser la langue,

pour dire des choses

que je ne peux pas dire en anglais,

en espagnol ou même dans la langue du cœur...

Tu me manques,

c'est vrai... et non.

Tu es partout : l'air et la terre,

la mémoire et l'esprit.

Je t'aime, tu le sais.

tu es le sang et le pain

que tu m'as fait chercher

dans mes rêves

quand nous étions le même corps...

Ma petite fille

qui du ciel garde ma famille.

Petrificada

Con el corazón de piedra
y la memoria suspendida
para no recordarte con ternura
para no emocionarme ante tu imagen
que aparece en una pantalla plana
con una sonrisa ajena y desconocida,
superficial y lejana,
dirigida a todos y a nadie,
sin destino...

con este puñado de letras
recogidas casi por descuido
evito inventarte
para luego refugiarme
en una rendija del olvido.

Umbral

Por el mismo umbral que descubriste
hace más de veinte otoños
han llegado ilusiones y se han ido.
Encuentros anhelados o visitas inesperadas,
cadena de emociones,
huellas amargas.

Puerta que ha dado luz a la vida.
Puerta que me trajo la oscuridad de la muerte.

Umbral para sentirme viva:
alma, corazón y mente.

Umbral para sentirme diva:
cuerpo, emoción, vida y muerte…

Camino de ciegos

Sobre la senda en relieve
hecha para los ciegos
percibo el masaje metálico
en la planta de los pies
de las calles de Hiroshima,
mientras llego
hasta el doble pitido de un ave
postrada siempre en la esquina
que me indica el momento
de cruzar,
de cruzar al otro universo,
donde habitan
los verdaderos ciegos.

Telarañas

No es fácil vivir con telarañas en la cabeza, no;
es la perenne búsqueda de una salida,
desde la intrincada enredadera de pensamientos,
caminando a tientas con el equilibrio apenas suficiente
para no perder la mesura.
Es tratar de complacer al resto del mundo
con las responsabilidades de una profesional;
pero en lo más íntimo de la oscuridad,
es tratar de expandir el alma para no estallar
por la inaudita zozobra de la existencia,
la fragilidad de la memoria,
el inesperado momento de la fatalidad
ajena o personal.

No, no es fácil vivir con tantas telarañas en la cabeza...
hay que escapar con el yoga,
con un zambullido en el agua,
cualquier cosa que nos sostenga
para no perder el paso sobre el filo,
delgada fibra de la cordura.

Y en un recorrer del mundo o del tiempo
una busca la punta del hilo por donde empezaron

todas estas telarañas

para encontrar respuestas a las preguntas de antaño,

como lo han hecho tantas otras a través de las palabras,

palabras, palabras, palabras...

palabras que las han condenado.

Zozobra

En la amargura de mi camino
me encuentro en la encrucijada
de la verdad y la mentira.
Es a veces imposible apartarse
del cáliz del veneno que nos espera
en el momento menos deseado.
Estallamos, rompemos, vociferamos
y nada nos lleva a descifrar
la vereda que debemos seguir
para ser auténticos, abiertos,
sinceros, sin molestar a los demás
ni permitir que otros nos aplasten
de la forma más voraz.
Condenada a la hoguera de la zozobra
me parto el alma para saber quién eres,
qué estás esperando de mí
y de qué forma cruzas los brazos para aniquilarme.

En cambio, todo lo que pido
es valor para afrontar las consecuencias,
bendiciones para los míos que no merecen
ser arrastrados entre esta corriente de rencor,
de despecho inmesurado,

de equivocaciones absurdas
y de pérdidas irreparables…
una patria, un corazón, una mano amiga
que parecía sincera y que nos planta
la más fuerte bofetada de la vida.

Duende de soya

El duende de los pastelitos de soya
se levanta temprano desafiando el frío
para abrir su cuevita metálica
y empezar a hacer sus pasteles blancos
en recipientes usados de hace mil años.
Llega en su bicicleta
con la indeleble curva de su espalda a cuestas,
sus botas de hule,
su oscuro ropaje y la sombra de la pátina del tiempo
como una estampa en su rostro.

Meticuloso, laborioso, dedicado, paciente
y con la esperanza de servir a los invisibles fantasmas
que él conoce como clientes,
recoge los largos calcetines
de un blanco antiguo
para empezar a exprimir sus pastelitos
perfectamente rectangulares,
de una soya sumergida en agua
que alimentarán más que cuerpos ambulantes,
las posibilidades de un mañana.

Arena

Una camina,
ve sin mirar;
busca sin encontrar.

Señala, pregunta, se admira,
posa, ríe o deja de hablar.

Una se pierde en la ciudad
como grano de arena en la mar.

Fantasma

Al fantasma de tu sombra
a la idea de tu existencia
a un recuerdo
tan vago como tu mismo nombre
una ilusión de antaño
una mirada profunda
que se encierra en esta caverna
de la memoria
para mantener a oscuras
un deseo
un suspiro
algo que me indique
que de verdad has existido
más allá de estas sombras,
de las despedidas sin retorno,
aguardando en secreto, en suspiros
sentada sobre el ancho borde de una ventana
tras las duras rejas de un sentimiento,
incierta y puesta en caja de cristal
para resguardarme de la desventura
que me acechaba en el vacío de la noche;
alejado planeta
de nuestra existencia

invento de sueños

carrera de recuerdos

insertados

uno a uno

en este collar de esperanzas

irremediablemente devoradas

por tu inquebrantable silencio

y la inevitable distancia.

Ulular citadino

Llantos de la ciudad
que a cualquier hora pululan,
gritos de ambulancias
o patrullas.

Lamento por un hijo
que se pierde o se extravía
en la luz de la noche,
en la oscuridad del día,
en la carrera de la vida
a la fábrica, al aula,
al taller o a la oficina.

Alarmas sonantes,
milagrosamente
encendidas por un ser que nace;
quejidos incesantes
que surgen de un fatal error
o un leve accidente.

Llantos de la ciudad que duerme,
lamentos por alguien
que tal vez acaba de encontrarse con la muerte.

Hijas de la luna

Luciérnagas,
hijas de la luna,
hermanas de las estrellas,
que en noche tan serena
sostenidas en la brisa
de la primavera
mi casa merodean...

Pour la langue française

Ce n'est pas pour les montagnes
qu'on vient ici,
non plus pour la pluie
ou les vaches…
C'est seulement pour
un amour inexplicable,
enraciné dans le désir
de parler la langue
qu'une fois le dramaturge a dit
qu'elle serait connue
comme « la langue de Molière ».
Pour les sons,
les mots,
les gestes,
la philosophie des gens de l'autre côté
de l'Atlantique.
Pour découvrir l'autre qui une fois
est venu en Amérique ;
et après les nombreuses
nuits blanches,
pour finalement obtenir
la merveilleuse capacité
de se faire comprendre
avec les mots de nos rêves…

Aura

Las madres se van al cielo
para cuidar mejor a sus hijos
porque aquí no les alcanza el tiempo,
y con los ángeles comparten
la luz que ilumina el camino
que los pueda guiar en las
zozobras de su destino,
en la gran tristeza por lo
que consideran perdido.

Las madres desde el cielo
nos siguen velando,
cariñosas, acogedoras,
rodeadas de un aura
de su color favorito.

Esquiva

Esquiva de mi pensamiento
me entrego a las nimiedades de la rutina,
me refugio en la ropa sucia, las mascotas,
las hojas del patio o la cocina,
escapando de mis ideas y mis frustraciones,
de los sueños que ya no se pueden alcanzar
o las experiencias que no se repetirán.
Cada parte de mi cuerpo merece atenciones diferentes,
las uñas, los pies, el pelo,
la marchitez de la cara
y la más difícil de combatir,
la vejez del alma.
La sonrisa de Edith Piaf me acompaña
mientras uso el teléfono
para hacer pagos vanamente
y Julia Alvarez con Salomé
me esperan con paciencia,
ahí sobre la mesa.
Ya no caben las ideas de llegar a ser grande
los años pasan y cada día se hace más tarde.

Vano intento

Vivo en cuerpo de mujer,
pero no lo quiero ser.

Cuerpo tergiversado
en la procreación, en la vida.

Manchas rojas de la desilusión,
de la interminable espera fallida…

A ciegas

Nacemos ciegos
a oscuras,
caminamos dando tumbos
buscando a tientas
el sendero que nos devuelva
a ese mundo de luz
de donde fuimos arrojados,
y buscamos
buscamos
buscamos
encontramos sonrisas
que después resultan falsas
inventamos amores
que se desmoronan con el tiempo
alegrías sin permanencia
que al final
vacían aún más nuestros corazones
y buscamos
buscamos
buscamos
almas que entiendan la nuestra
miradas que no se pierdan
con una simple distancia,

y así en el fondo
en lo más íntimo
en la esencia de nuestro ser
a tropiezos buscamos
todo lo que perdimos al nacer.

Verdad

Lo que vemos,
lo que sentimos,
lo que oímos,
¿dónde perdimos la verdad?

Lo que imaginamos,
lo que creemos,
lo que pensamos,
¿dónde buscamos la verdad?

Lo que deseamos,
lo que logramos,
lo que esperamos,
¿dónde dejamos la verdad?

Lo que sabemos,
lo que ignoramos,
lo que confundimos
¿dónde inventamos la verdad?

Cautivadora ilusión del tiempo y el espacio.

Árbol

Cuelgo día a día
cada una de mis preguntas
a las ramas de un árbol
para ver si el viento,
señor de todas direcciones,
me sopla al oído las respuestas
que de ti sigo esperando,
sobre las cosas más cotidianas
de tu vida o las verdaderas dudas
que se acumulan en el alma;
y la fronda de mi árbol,
sembrado de preguntas,
algún día tal vez florezca
cuando tenga noticias tuyas...

De otro planeta

Los poetas vienen de otro planeta
y cuando las palabras no los dejan
conciliar el sueño
ni entregarse a la trivialidad de la existencia
se dan cuenta de su naturaleza
fuera de la tierra.
Cavilan, observan, escriben, escriben, escriben…
no saben hacer otra cosa;
se entregan a la vida a su manera,
con la furtiva,
perenne mirada de la muerte
sobre sus hombros,
acechando el momento de confundirlos,
de enloquecerlos
de darlos por vencidos.

Tres mujeres

En este club de mujeres
viajeras
solitarias
una lee,
otra escribe
y yo observo.
Formamos un grupo
sin saberlo
sin intentarlo
para descubrir
el mundo
y vivir para contarlo.

Alma

¿Cómo puede una amarrarse bien el alma
para que no ande colgada de un hilo
corriendo el riesgo de perderla
ante la mirada vacía de un hambriento niño,
de una mujer cocinando en la calle
con dos pedacitos de fuego y un metal en pedazos?

¿Se amarra acaso
con palabras hilvanadas en poemas,
con colores enmarcados,
con notas que se pierden en la nada?

¿Cómo amarrarse bien el alma
para no perderla en cualquiera de esos suspiros
que nos vienen al final de la jornada?

Lluvia

La lluvia es una metáfora de la esperanza:
Dios nos oscurece el cielo con la lluvia,
pero en realidad es un truco para esconderse
detrás de las nubes
y tejer la cobija verde de la esperanza
que nos extiende en la mañana.

Cisura

El tiempo es una ilusión
que nos deja prendidos del pasado.
aferrados a lo que soñamos
y no pudo ser;
una ilusión que nos lleva de la mano
a esperar un futuro
que no podemos aprehender
y así, se nos escapa
de las rendijas de los dedos
como arena del mar,
como agua de ese mar que sigue las olas,
sin medida,
sin contenerse en sí mismo
llevándonos a vivir en un presente,
cisura entre el pasado que nos pesa
y el futuro que con suerte nos espera.

Emanas poesía

Emanas poesía:
respiras imágenes
y transpiras palabras.
Te empapas de letras
que sólo tú puedes combinar
en un intrincado laberinto
de signos y sonidos
fascinantes,
mágicos y singulares,
provenientes
del manantial que es tu alma,
de la tempestad que es tu risa,
de la serenidad que es tu mirada.

A Elia

Agua clorada

Agua clorada de la vida urbana
espuma inventada que no conoce
la libertad de la mar.

Agua salada,
imitación de océano.
Inúndame, húndeme,
lléname de tu esencia,
de la vida del mar,
si el tiempo y la distancia
me impiden
del agua auténtica disfrutar.

Mariposa amarilla

Una mariposa amarilla
se escapó de Macondo
y se vino a posar entre mis manos
para abrir sus alas,
cubrir con ellas tu rostro
y depositar
un roce amarillo sobre tus labios,
que nos trajo a la memoria
el primero, el más exquisito,
el que sin permiso nos permitimos
a los diecisiete años.

Dos planetas

Es verdad que vivo en otro planeta
lleno de libélulas, luciérnagas,
mariposas y colibríes.
Nada que ver con la realidad
del facebook, de los narcos y de los suicidas
que se llevan consigo todas las ilusiones
del planeta que cada día intento construir.
Nada que ver con las mascarillas
de barro de los Himalaya,
el yoga que me devuelva mis raíces
a la tierra donde he de yacer,
y a través de mi cuerpo
las líneas de energía
a veces destellantes,
a veces escondidas
en los rincones menos imaginados
de mi anatomía;
esta realidad nos grita día a día,
nos separa,
nos empuja
a un abismo inimaginable,
del sensacionalismo
de la falsa algarabía…

y mientras yo fastidiada

por las faltas de ortografía

de los que hacen llamarse educadores

ciegos, sordos, mudos

atentos a su sola satisfacción,

beneficio y lucro,

me resisto a esta visión

cruel, dura, de la humana realidad

en la que pretendemos ser los que no somos,

en deliberada hipocresía y confusión.

Espejo

París en un espejo
nos lleva de la mano
guiados por la ilusión
la fantasía
y así lo atravesamos
lo soñamos
para aterrizar en la extravagancia
lo insólito
lo bello
que desaparece
si nos atrevemos a ver la imagen
de la falta de trabajo
los colores de mal gusto
de paredes, vías y puentes
de los hombres tirados
con sus perros a media calle
esperando un pedazo de bon pain
de la misericordia del cielo
que esperan que baje
de la punta de la torre
de donde descienden
los que se llevan a París
en una foto

y tal vez metidos en ella

para mostrar la evidencia

de haber estado presentes

de haber sido testigos de una superficie

que no deja ver

la voracidad de ser

de la trampa

del falso comercio

del engaño

del truco

por una sobrevivencia apenas

de la vida cotidiana

ordinaria

difícil

a veces imposible

en un cuadrado de treinta metros

en el tercer piso

para jugar a la existencia

que no se refleja en los afiches comerciales

en los souvenirs que traemos empacados

de los que nos hemos de servir

para contar todo…

menos lo que dejamos en París.

Amie

Dans le métro
j'étais en train de réfléchir
sur la possibilité de revenir
avec mes étudiants l'année prochaine.
Oui, Rennes, Rennes…

Et soudainement
un appel spontané
pour faire attention.
Confondue
j'ai cherché
sur la réflexion du verre
Où? Qui?
Et pour ma grande surprise
j'ai découvert un gentil sourire
une main qui doucement disait
« Au revoir »
Un geste profond
qui m'a réveillé
la merveilleuse émotion
d'avoir une amie à Rennes.

De paso

De paso por un cementerio
en el viejo tren de Hiroshima,
me dejo envolver por la penumbra
regresando de Miyajima,
por donde viven los muertos,
hacia donde cada día,
casi sin saberlo,
apenas imaginándolo,
mueren los vivos.

¿A quién...?

¿A quién le quiero
demostrar quién soy?
¿Al que nunca quiso conocerme
y me negó sin ninguna explicación?
¿Al que no le interesa lo que haga
ni las razones que me motivan
para ser lo que soy?
¿Al que me ignora deliberadamente
por un velo inventado
que llaman etnicidad?
¿O al que me conoce
desde antes de nacer
y entiende como nadie
los motivos de mi proceder?
La apariencia es una a veces
muy distinta de la realidad
y es tan, tan, tan fácil
dejarse llevar por esta
inescrutable superficialidad.

Chemins

J'ai beaucoup marché
j'ai beaucoup cherché
j'ai beaucoup regardé
mais toujours
je ne sais pas
ce que j'ai trouvé.
Chemins, chemins,
qui nous conduisaient
à notre destin
pour connaître
pour savoir
pour entendre
la raison de vivre…
le bout de notre existence.

Caída

Envuelta en el terrible
abrazo del temor
tengo que dejarme llevar
por la agonía de la noche.
Las sombras del pasado
no permiten que un solo rayo de luz
se filtre en mi futuro.
El corazón tiembla y se agita.
Un frío me sacude el cuerpo y lo debilita.
La magnitud de los eventos
empaña mis sentidos
y ninguna posibilidad de renacer
embarga mi pecho.
¿De dónde he venido?
¿Hacia dónde me dirijo?
¿Es acaso la incertidumbre
la brújula de mi destino?
¿O lo es el error, el exilio, el rencor acumulado?
Nada justifica los hechos.
El ímpetu de la voluntad no conoce límites
y nos arrastra a cometer acciones
que el perdón no admite en su seno.
La vida se vacía lentamente

y tenemos que reconocer

el engendro que somos

para divisar apenas

la angustia de nuestros latidos,

el miedo de perderlo todo

por no haber sabido vencer

la tentación más empedernida.

En medio del caos,

tal vez la única gracia

que la misericordia de Dios pueda otorgarnos

es que en nuestra inevitable caída,

nos conceda el milagro

de caer entre sus brazos y cerrar los ojos

en el eterno sueño de su regazo.

Santa Frida

En la medianía de la noche
una mujer se observa, acostada, en el espejo.
Es el retrato del dolor a oscuras,
de una mártir que buscó la forma de exhalar su queja
a través de imágenes que gritan y desgarran
sin romper el silencio de la noche
ni espantar las lechuzas que la aguardan.

Es la santa que mantuvo virgen su corazón.

Una Frida se conecta a la otra,
mientras nosotras sólo tratamos de conectarnos con ella,
para imitar acaso su estoicismo,
su fortaleza y su entereza.

Es la santa que de milagro no perdió la razón.

Es la santa que supo mantener su caparazón.

Agua

En el agua
restrego mi amargura
en el deleite de lo indecible
de lo innombrable
para saciarme
para hartarme
para cansarme
para contar mi propio pesar
y repetirlo, repetirlo
hasta que parezca extraño
ajeno
inexistente
lejano
indiferente
desconocido
vivible
aceptable
aunque a pesar de todo
lastimosamente
inolvidable.

Secreto

Todas tenemos un amor escondido:
el del primer beso,
la mirada furtiva,
la canción del recuerdo;
el del chico que nos saludaba tímidamente
a la vuelta de la esquina.
Aquel que nos robó
el sueño de tantas noches,
con un fuerte silbido o un toque suave a la ventana,
el que encerramos en una cajita de cristal
para que no se quebrara;
o el que nos guardaba en la misma cajita
como si fuéramos de paja.
Un amor oculto es una delicia,
una aventura de la vida
que nos da todavía la posibilidad de ser bellas,
más por dentro que por fuera.
Y el amor que guardamos es un diamante
entre las piedras diarias del camino
que nos atan a cualquier tontería
de nuestro improvisado destino.
Es una sonrisa encontrada
en el infinito viaje de los sueños

que no conoce barreras espaciales

y se entrega de lleno

a la realización de ser eterno,

para que no se apague esa llamita de vida

que celosamente guardamos en secreto.

Tres sílabas

Honduras tiene tres sílabas:

montaña

miseria

tristeza

búsqueda

mendigos

camino

trabajo

corrupción

abuso

laguna

angustia

vereda

soledad

ilusión

mujeres

hambruna

collares

tortillas

…

espera:

justicia

Amanecer urbano

La luz del horizonte se despunta,
crea una penumbra,
y las casas, matronas perezosas
bostezan abriendo apenas un ojo,
o apenas el otro,
ventanas luminosas
que se proyectan al nuevo día,
y por fin con un gran bostezo
abren la boca y de ella salen
como arrojados a la deriva
en sus estuches de metal,
de cuadro ruedas,
del color de su preferencia
los seres que a diario tienen que inventar
su propia existencia...

Tiempo

Y es nuevamente este cansancio,
el agotamiento que nos dejan las cosas de mayor premura
sobre las que realmente nos importan:
como estos versos,
apenas unas líneas
que señalen nuestro camino del día,
nuestra esperanza por la vida,
nuestro afán de ser,
de permanecer
siquiera por unas palabras que nos atrevimos a decir,
que pudimos escribir
en un robo del tiempo
a las cosas que menos lo ameritan
y por las cuales ponemos en la mesa un alimento.

Termina el día,
llega la noche
y todo de las manos se nos escapa.
Suspiramos
y con una fuerza arrancada de la rutina diaria
nos atrevemos a hilvanar palabras
a la débil luz de la memoria.

Siquiera unas líneas que sirvan como testimonio
de lo que quisimos ser,
antes de que nos atrapara
la constante necesidad
de ir,
de trabajar,
de regresar,
de comer,
de dormir...
y volver a nacer.

Sorbo

Como sale Florentino
cargando el espejo
que ha comprado
sólo porque en él se reflejó
la imagen de su amada,
la anhelada Fermina,
así salgo de mi mundo
con la botella de agua
que por un brevísimo instante
sintieron tus labios
en un sorbo de tu alma.

Frío

El viento helado del norte
nos trae el frío que llega a los huesos,
nos devuelve la tristeza de la muerte
de aquella nuestra infante
que no logró nuestros deseos.

Es un viento traicionero,
disfrazado de colores de otoño
en una celebración
que en un esfuerzo por venerar a los muertos,
nos entierra más hondamente
la añeja amargura
que nos arrebató
la ilusión profunda
de esa tierna vida,
de bellísima, celestial criatura…

Perdonarte

Te perdono
las sonrisas, los abrazos,
las reuniones familiares
de que no fui parte

Te perdono los incontables segundos,
minutos, horas,
días, meses…
años esperándote

Te perdono las noches oscuras
silenciosas, llenas de tu ausencia
con la ilusión a secas
buscando alguna luciérnaga
que me contara de ti
que me diera su luz
para encontrarte

Te perdono el no saber amarme
-no puede haber culpables-
en un mundo desigual
las cosas se dan porque sí
para bien, para mal

Te perdono no haberme hecho madre
del hijo que me negaste,
de criatura semejante
con un poco de ti, de mí
tal vez con más de ti que de mí
que no conocimos
que no conoceremos…
demasiado tarde

Te perdono mi inefable amor:
sin límites, sin tiempo, sin edades.

Homeless

Un río, dos puentes, tres hombres.

Basura que indica
su interminable rutina,
sus desganas de vivir,
su falta de hogar,
su ausencia de familia.

La ciudad despierta
y ellos aún duermen,
indiferentes al paso de la vida.
La gente trabaja
y ellos todavía pretenden
lograr una ilusión,
realizar un sueño,
mantener una esperanza.

Un río, dos puentes, tres hombres.

El frío de la mañana
que perezosamente se despabila
y un sol primaveral
cálido, grato, acaso ignorante
de las necesidades de la gente.

Pájaros en vuelo
que no conocen el hambre,
ardillas matutinas que no comprenden
la injusticia que prevalece
entre los hombres,
en lo urbano del ambiente,
en las medias sonrisas ambulantes
que apenas aparecen, desaparecen
y se pierden.

Un río, dos puentes, tres hombres.

Libélula

Siempre has estado aquí,
en cada de una de mis palabras;
y cuando te asomas a ellas,
con la curiosidad de la libélula,
encuentras tu propia alma...
y la mía en ella.

Metro citadino

Serpientes y escaleras:
el juego de azar de cada día,
un boleto de tres pesos para la rutina.
Interminable carrera contra el mar de gente,
en el océano que se pierde, se impacienta
-como en la fila de espera-
la cotidianeidad de nuestra muerte.

Nube

Toma su nube, se envuelve en ella
y me abraza para no dejarme escapar;
esa nube de un lado verde
y del otro con flores del mar.

Nos envolvemos, nos confundimos
como dos cacahuates estilo japonés
cubiertos de soya.

La nube se extiende, se encoge
y luego se derrama convertida en río
antes de alcanzar a ser lluvia.

En el amanecer del día
que en tren me conduce a Kyoto.

Tierra

Tierra fértil,
que se moja
que se abre
para recibir la semilla
para intentar una vida.

Tierra seca
que se agrieta
que se acaba,
para convertirse en tumba
y finalmente
sólo sirve de sepultura…

Partir

Y cuando llega el momento de partir
hay que implorar la entereza
y la alegría de soltar ese hilo del alma
como el cometa que se lleva el viento
en el instante menos esperado,
con los mismos colores del amanecer
o del atardecer del día que nos despide
con un fuerte abrazo
para cerrar nuestro círculo
e iluminar el estrecho que une
nuestro mundo con el cielo,
lo terrenal con lo eterno
y poder aligerar el alma
sin lamentar la pérdida del cuerpo.

Luz

Mi afanosa búsqueda de luz
te mostró el camino
hacia montañoso
y celestialmente iluminado recinto
para entregarme
con una sonrisa
la diáfana línea de tus ojos
y el inaudito roce de tus labios,
en medio de un "no puede ser, no puede ser"
que incesantemente me repetía
ante la incredulidad
de nuestro propio destino.

Mutilada

Con los ojos cerrados
porque el que no sabe es como el que no ve
oprimida
por un acento de palabras
que no me enseñó mi madre
que aprendí de libros
de escuchar a otros
sin el mismo amor con el que aprendí
mis primeras palabras,
un acento extranjero
que significa inferior
inútil, inventado.
Mutilada para hablar
para pensar
para usar el lenguaje oscuro
de la existencia
en este pozo que se hace más profundo
como cavando mi propia tumba
una palabra me condena
una expresión me amortaja
la ironía de amar las lenguas
se multiplica por no poder hablarlas
callada

sumisa

impedida

mutilada

por no saber

hablar inglés

de la manera que lo hacen

mis camaradas

señalada

acusada

quemada viva

por una lengua

que no me pertenece

ni me pertenecerá

ni quiero que me pertenezca

Orfandad

¿Cómo se prepara una para la orfandad?
Con un moño negro
colocado sobre la puerta
como señal de ausencia,
de una partida anticipada
pero jamás esperada.
Con una oleada de abrazos
y pésames que no pueden llenar
este vacío, único, inigualable,
indeseable, amargo y profundo
de la que no aguardará más
nuestro regreso al final de cada jornada,
en el marco de una ventana
pidiendo a Dios por nosotros
y llenando de bendiciones
cada uno de nuestros pasos
para no extraviarnos
y poder volver a sus brazos,
a sentir la calidez de unas manos
suaves, redondas y con olor de lavanda
de las sábanas blancas
que siempre lavaba
para ofrecernos un pan en la mesa

y una vida sin mayores penas
ni irremediables carencias.
Orfandad sin fronteras,
que llevaré sin remedio
dondequiera que me encuentre
con la ilusión de conservar
en la memoria y en el corazón
la bendición de madre
que no ha de abandonarme
y que me llevará hasta el reencuentro
una vez atravesado
el umbral de mi propia muerte.

Tortilla

Dos caras de la misma tortilla:
la blanca y la tostada,
la cruda y la cocida.
Eso representa nuestra fusión:
somos inseparables
juntos
unidos y divididos por una frontera
puesta al azar
un país doblado en quesadilla,
poblado y solitario,
individualista.

Nopalera

Las entrañas de nopal huelen a deseo de mujer,
lo descubrí apenas, cuando las pencas se caían
por el peso de su fuerza y de su aplomo,
cuando a cada golpe le pedía perdón,
por involuntariamente mutilarlo.
Cada una de sus partes se aferra a la tierra
de la misma manera que nos aferramos a la vida,
cuando sabemos bien lo que vale
y el sustento que nos brinda.
De cada punto pueden brotar sus raíces
para demostrar que su ser no depende de la apariencia,
sino de la fuerza que lo erige como lo que es: un cacto.
Y ahora, desde este rincón, busco reconciliarme
para que en su propia naturaleza comprenda
que esta dura mutilación le ayudará a multiplicarse
y me perdone el atrevimiento de cortarle
cabeza, brazos y piernas.

Mi nebilungo azul

Mi nebilungo azul ayer se me perdió,
soñando lo dejé y desapareció.
En mi desilusión me he puesto a divagar,
los cielos que nubló
no pueden ya brillar.

Mi nebilungo azul ayer se me perdió,
no sé si se me fue,
no sé si extravió,
y yo no quiero más
que un nebilungo azul.
Si alguien sabe de él,
le ruego información.
Por fe o por amor
lo buscaré.
Mi nebilungo azul
se me ha perdido ayer,
se fue.

Mi nebilungo y yo
hicimos amistad,
un poco con amor,
un mucho con verdad.

Con el color de abril
pintaba una ilusión,
saberla compartir
era su vocación.

Mi nebilungo azul
ayer se me perdió,
y puede parecer
tal vez obstinación,
pero no quiero más
que un nebilungo azul
y aunque existieran dos
yo sólo quiero aquél.
Con fe y con amor
lo encontraré.
Mi nebilungo azul
se me ha perdido ayer,
se fue...

Búsqueda

No se trata solamente de un movimiento sensual
sino de encontrar el centro del universo
a través de tu cuerpo,
buscando en cada punto
la realización de algo más que un sueño
que nos lleve a pensar
que ha valido la pena
pasar por esta tierra
en nuestro breve momento.
Con los pies convertidos en raíces
y los brazos convertidos en ramas,
formamos el árbol de la vida
para alcanzar la flor clara
de cinco pétalos anchos y blancos
que se nos escurren por la espalda.

Una en dos

Rodeada de palabras
que no conocí desde la infancia
de sonidos extraños a mi oído
que por lo mismo
me aturden y confunden el cerebro.
En un lugar siempre ajeno,
sin un refugio brindado por el olor del pan,
los pájaros del crepúsculo,
o la algarabía de la gente
alrededor de una plaza.
Soy extraña, soy foránea,
el acento de mis palabras
me delata en cuanto digo gracias
aquí, donde todo es más limpio
y menos humano;
donde no cabe el canto de los gallos
ni las risas de los niños.
Vivo siempre en dos lugares,
comparto dos lenguas,
tengo dos familias
y tal vez, sólo muy tal vez,
dos grupos de amigos.

Mendoza

Aridez que el hombre transformó en ilusión
para darte nombre y darse renombre.
La majestuosa silueta de Los Andes
no corresponde a tu afán de vida.
Ciudad artífice nacida del arte de la viña;
roca,
arbusto,
cerro seco que busca el nombre de la gloria
para dejar escrita con lenguaje de escultor
un paso en el camino de tu historia.
Acequias que presuntamente portan el agua que da vida,
pero que guardan inmundicias para disimular
una ciudad que se ufana de ser limpia.
Desierto al fin, rodeado de montañas.
Víctima perfecta de sismos que te han convertido
en ciudad nueva,
para borrar el equivocado destino
que ahora evitas, inventas y encierras.

Dormir, morir,
morir, dormir.

Soñar.
Sentir.

Y volver a morir, dormir,
dormir, morir.

Estatura

Soy baja y tengo cerebro.
Soy baja, me lo dicen
como un descubrimiento nuevo.
Si mi estatura representara las dimensiones estelares
no habría manera de distinguir
la maldad ni el pecado,
la bondad ni la avaricia.

Soy baja y pienso.
La estatura no es un obstáculo
para entender el universo.

Soy baja y siento.
Tengo un sexo con la posibilidad
de multiplicar las células de mi existencia
con la misma fuerza
que el mar produce las olas
y el viento las hojas se lleva
confundidas en los recuerdos.

Soy baja y no me avergüenzo.
No tengo otra opción de ser
ni de inventar un mayor perímetro
de mi cuerpo.

Soy baja y lucho.
Mi espíritu no conoce barreras
para lograr sus metas.
Gran batalla contra la ignorancia
y los prejuicios que pretenden determinar el talento
con una cinta métrica
que pretende determinar mis sueños.

Humanidad en diminuto cuerpo
y mi alma en el universo.

Honduras

De mis pies a los tuyos
creados de la misma forma y para el mismo propósito,
pero con caminos distintos por azares del destino,
hacemos una transición de zapatos;
y de mi cuerpo al tuyo,
una muda de ropa para hacer más discreta
nuestra singular pobreza.

De mi corazón al tuyo, una sonrisa.

¿Qué puedo darte?
¿Cómo alentar la perseverancia de vivir
entre tantas necesidades?
Las cosas, cosas son y a todos nos hacen falta,
aunque sólo unos las tienen
y otros, milagrosamente, las sacan de la nada.

La hondura de la injusticia
es ver el hambre de las caras ambulantes,
la basura de las calles desiertas,
el hombre desperezándose a matutina hora
surgido de un agujero en la tierra
topo de las alcantarillas,
sueño perenne, tal vez pesadilla.

Mujer, la injusticia no tiene vergüenza,
se planta en las casas y en los hospitales
igual que en las guerras,
y son tantos los que sufren las consecuencias.
La gente busca una salida,
como tú vendiendo tortillas
o cualquier otra cosa
desde collares con el sol, la luna
o el pretendido balance del yin y el yan.
Aquí y allá, por todas partes.
Vendiendo hasta su cuerpo mismo
por unas migajas de pan.

Regalos andados para ti,
para tus pies cansados
para colocarle apenas una vendita
a la profunda herida de la injusticia.

Relación

Nuestra relación me aleja de la iglesia
pero me acerca a Dios:
me deja ver los colores del alba,
la sonrisa de las nubes
y el guiño cómplice de la luna
antes de irse a la cama.
Me lleva de la mano
a reconciliarme con el mundo,
a enfadarme con la pobreza,
a desquitarme de la injusticia
y ofrecer, a través de una imagen
el bello rostro de la humanidad,
y a través de las palabras,
la magia de los sueños
que rompe las barreras
de tiempo y espacio
para dejarme envolver
en la dulce nostalgia del tiempo
que vamos olvidando.

Invento

San José, intento de ciudad
en un inventado país
que encierra la palabra rica.
abundancia de cafetales
que producen una bebida
servida por la sirena verde que no hace justicia
a los hacedores de esta tierra volcánica
ni a los compradores viviendo al azoro
entre lo verde,
regalo de Dios
y lo gris,
implacable destructor de ese tesoro.

Los desterrados

Los desterrados llevan el sazón
de la comida de su madre en la boca,
las ganas de volar entre los colores de un cometa,
de hartarse de los olores y sabores del mercado
y de comerse un cono de fruta con chile y limón
como solían hacerlo al salir de la escuela.

Los desterrados no trabajan, no,
sino que se parten el alma para no perder
su pedacito de suelo que todavía creen poder alcanzar,
y en lugar de gastarse el dinero que les va cayendo
lo mandan por el western union hasta el último centavo
para alimentar una ilusión que todavía esperan disfrutar.

Los desterrados lloran, ríen, gritan en un lenguaje absurdo;
viven esperando volver y viviendo vuelven a esperar,
algo que les ayude a guardar la esperanza,
cualquier cosa que les permita soñar con la vuelta
antes de que se les acabe esta vida
para llorar, reír y gritar con los que añoran día a día.

Los desterrados se escapan, se fugan de sus propios recuerdos
que los persiguen y a veces los acorralan

todo por no saber qué nombre darle a su tristeza,
a la melancolía que no es como ninguna otra,
porque el desarraigo de su tierra les ha cortado
su propio corazón, así, de un tajo,
sin darles tiempo de lamentarlo.

Los desterrados hablan una lengua extraña,
con un doloroso acento que delata su identidad
sí, es verdad, no son de aquí ni de allá:
-valga la expresión tan conocida y usada-
y todo lo dicen con una gramática alrevesada
igual que el alma que llevan tratando de enderezar.

Los desterrados deshojan el calendario como una margarita
para medir la ausencia y no perder la noción de la esperanza
contando los cumpleaños, aniversarios, bodas,
bautizos y festejos que se han perdido,
que no podrán recuperar de ninguna manera.
Sueñan con un camino de luz
que cada noche los lleva a su madre tierra
y despiertan ilusos, con los cabellos enredados
entre arraigadas memorias y vanas quimeras.

Memoria visceral

No se trata de perder un cuerpo lastimado
sufrido y maltrado por el peso del tiempo
y del cansancio de inacabables horas de trabajo,
para proveer sustento…
No, sino que se trata de reducirlo todo
a una memoria visceral:
la de estar con la canasta
afuera del hotel donde trabajaba,
para ir al mercado
a comprar asadura y menudencias
para la cena,
el festín semanal del día de raya.
De tomar esas manos acolchaditas,
calientes y olorosas a lavanda
del jabón de las sábanas blancas
lavadas en cada jornada.
De crecer en un barrio
rodeada de vecinas
señoras con olor de cocina,
siempre dispuestas a ayudar
a los que las necesitaban;
de las posadas de cada año,
arrullando al Niño de una casa a otra

de hacer el rosario para los difuntos
para el descanso de su alma.
De los viajes a Acapulco,
con partidas a media noche
para no marearse,
e ir con la cabeza dormida
dando tumbos
de derecha a izquierda
hasta llegar al amanecer
a la casa de la tía,
colocada en un cerro,
en cuyo centro
aparte de tres piedras irrompibles,
no había nada.
De recibir a los mismos parientes
multiplicados tres veces
en nuestra diminuta casa
dormidos en cualquier rincón,
para honrar a los muertos
en la fecha de su visita anual
a su terrenal morada.

Maravillosamente

En las calles de Oaxaca
hay un niño matando a una niña,
la sangre le brota a borbollones
y las monedas,
milagrosamente,
llueven a montones.

En las calles de Oaxaca
maravillosamente,
nos olvidamos de la vida
para celebrar la muerte.

Hornilla

Observo a esa mujer
armando una hornilla
en la esquina,
improvisando su vida
para medio cocer su sustento
y recocer sus fantasías.

Niño

En el parque, en la orilla,
en la banqueta,
un niño pide dinero
para su faz hambrienta.

Hijo del placer y del olvido,
amanecer extraño,
solsticio oscurecido.

No pide más que una moneda,
dos, tres, mejor cuatro
todas las que se pueda,
para que no perezca,
para que no muera.

Hijo del placer y del olvido,
amanecer extraño,
solsticio oscurecido.

Un hombre se acerca y le deja
apenas una mueca,
un gesto silencioso,
un dolor oscuro

que no le quita el hambre,
que no le quita el ayuno.

Hijo del placer y del olvido,
amanecer extraño,
solsticio oscurecido.

Y entonces su propia sombra
más tierna que aquel hombre,
lo toma entre sus brazos,
le canta un arrullo,
para llevarlo a otro mundo
donde el niño entre suspiros
canta, baila, ríe,
sueña entre murmullos...

Nacido de un rato de placer
perdido en el olvido,
amanecer extraño,
solsticio oscurecido...

Soberana

Soberana,
reina, mujer, humana
que vas por el mundo
reclamando derechos,
para ti, para mí, para ellos,
para los que aún no son;
madre de las generaciones idas y por venir
soberana de la misericordia,
del perdón,
de la compasión.
Ilustre mujer
que ves más allá del horizonte
en la esperanza de la vida,
ante lo inevitable de la muerte,
llena de una confianza
que nos depositas para vivir en paz.

Mujer, reina, señora
a cuya fortaleza se le confunde con locura
por una falta de conciencia humana,
por un exceso de distinción de género
o por tu semejanza con la luna.
Mujer que no te amedrentas

ante las circunstancias de llevar
el peso y la responsabilidad
de lo que según unos,
Dios reservó sólo para los hombres.
Reina,
dueña,
sabiduría humana
que no conoces límites celestiales,
haz un camino abierto para nosotros
que no entendemos
que nos perdemos,
que nos confundimos
en esta carrera loca contra el destino
en esta vereda incierta sin sentido
en una galaxia de tropiezos
…
danos la visión que nos lleve
al otro lado del sol,
para conocer, entender y aceptar
otras formas de vida
más humanas,
más certeras,
más divinas;
aléjanos de la amargura que nos ata
a las únicas dimensiones que conocemos
para buscar en nuestro interior

ese trecho que nos separa de nosotros mismos
con tantos prejuicios,
con tantas ambiciones
con tontos absurdos,
con tontas ilusiones.

Ejemplo de nobleza verdadera,
no la falsa y pretendida que buscan los herederos,
sino la que se lleva en el corazón
para gobernar con certeza,
con metas fijas y con razón.
Corona brillante
de espinas punzantes
disimuladas en pulcros diamantes,
que portas con altivez
pero que sólo tú sabes cuánto hieren
y cuánto has de padecer…
por vencer.

Oriente

Vine al oriente
para enterarme de que fui japonesa
en mi otra vida,
en el país de los paraguas,
de las bicicletas anchas y cómodas,
las porciones precisas
en medida y contenido
de las comidas;
de las tenues luces
encerradas en cajas de papel;
de los baños calientes,
prolongados y repetidos,
en medio de la blanca, bella e inaudita
desnudez andante de porcelana de los onsen;
la meticulosidad,
la limpieza,
la puntualidad,
y la invariable eficacia de los Shincansen;
donde hasta el balance de los astros se conjuntan
para determinar que el agua se convierta
en el centro de la semana y de la vida.

Sepelio

La señora de la limpieza
no ha podido venir hoy a mi casa.
Tenía que ir a sepultar a su esposo,
a llorarle, a corresponder los abrazos
que le ofrecieran a manera de consuelo.
La señora hoy no limpia porque
su esposo yace rígido después de haber perecido
en su batalla contra el mortal signo del zodíaco...

No más dolor,
no más angustias,
sólo tiene que pasar este momento amargo
para saber que una puede volver a la rutina,
a la tarea de limpiar la tierra
y todo lo que en ella nos calcina,
una basura,
una mancha,
un piso de madera que hoy no brilla.

La señora de la limpieza
ha faltado a su tarea
para enterrar a su esposo
quien le prometió con una lágrima
esperarla con inusitada paciencia.

Memoria

Una guarda papeles
con la ingenua esperanza
de vencer al olvido
y de alguna forma
sostener la inefable memoria
pendiente de un hilo
que el tiempo nos desgasta,
nos estira,
nos desata
y que con cualquier sacudida de cabeza
nos deja caer los recuerdos.

Sacudida

La furia del infinito sacudió la tierra
y el llamado de mi madre nos sacudió a todos.
Estaba temblando cuando con un ademán
nos hizo saber que ya no podía esperar
su encuentro con la muerte.
El mismo día en que
con sus cien años de su soledad
y envuelto en su realismo mágico,
alguien más encontró el último sendero
de su vida terrenal.

En busca de la luna

Mi padre fue un tren
mi madre la aventura:
él me lleva a disfrutar
el vaivén de los caminos;
ella, la curiosidad
por descubrir la vida.

Lenguas

Estoy viva,

estoy viva,

estoy viva.

Respiro,

respiro,

respiro.

El agua penetra mis poros,

la raíz de mis cabellos,

para llegarme al fondo,

al alma,

al cerebro;

agua fría

que me devuelve la vida,

después de la angustia nocturna

de no saber si sobrevivo.

Estoy viva,

estoy viva,

estoy viva.

Respiro,

respiro,

respiro.

Y las palabras me llenan,

me sirven de aliento,

en lenguas distintas,

en sílabas diferentes,

escritas de igual manera

pronunciadas cada una a su modo,

según la historia de la lengua,

más alejadas o más cercanas

a su madre latina.

Estoy viva,

estoy viva,

estoy viva.

Respiro,

respiro,

respiro.

Pienso.

¡Escribo!

Mochila

Mochila que vas por tierra, por aire y por mar,
buscando y dando oportunidad a que te busquen,
perdiendo y dando oportunidad a que te pierdan.

Mochila de viajes,
de vientos y flores,
de esperanzas venidas,
del aliento amargo, dulce o rancio
de viajeros taciturnos,
en recorridos nocturnos.

Mochila de andares y caminos
que no tiene límites ni esconde necesidades,
que ofrece ilusiones y perece en las multitudes.

Mochila de la calle, de la gente,
que no espera nada de la vida
y a la vida todo ofrece.

Mochila mía, tuya, nuestra.
El pan de cada esquina, limosna de aventureros.
Acento matutino de voces extranjeras,
con sonidos imposibles de imitar,

de colores pálidos perdidos en la oscuridad,
de amanecer lejano en tierras extrañas.

Mochila que nos llena, que nos lleva, que llevamos
de la misma forma en que labramos nuestro camino al andar.

Normal

En búsqueda de la sensación
de ser normal
observo, deseo,
veo a los niños corriendo
en mi vecindario
y siento que algo les falta
que no se dan cuenta
de la vida de plástico
que llevan…
y atesoro mi propia infancia
como lo normal, lo que debe ser,
lo que fue para mí,
que quisiera que fuera,
pero ¿es verdad?
Me detengo
porque vivir siempre sin agua tampoco debe ser normal,
ni jugar evitando las feces de perro,
y carecer siempre de algo.
Aunque tal vez sí… normal pero de otro modo.

Quiero sentirme normal,
quiero plantar los pies en esta tierra extraña
y algo me lo sigue impidiendo

quiero sentir que esta es la vida normal

que no conoce otras dimensiones

y por lo tantono sabe lo que podría ser.

Esto es todo, esto es lo normal,

esperando un autobús amarillo

en lugar de caminar a la escuela

contando las piedras del camino

pateando una lata aquí y allá

como el juguete más preciado

de la infancia;

comer en una cafetería

donde la comida viene de fábricas

y no de las manos de la señora

que se gana su existencia

haciendo enchiladas verdes rellenas de aire,

gorditas, tortas, tacos de arroz con huevo duro,

más que con su sazón de matrona,

con su afán por darnos de comer

y ganarse unos buenos centavos;

pero aquí es una comida tirada,

insípida, desperdiciada

mientras el mundo,

vuelto de cabeza

intenta vivir de un puñado de arroz con gorgojos

para engañar la tripa

y sostener los huesos
allá, donde los niños no son niños
y aquí donde los niños tampoco lo pueden ser.
Normal.
¿qué camino me ha de llevar a ese sentimiento
de normalidad?
Normal el ser feliz,
el correr, gritar y jugar con ideas inventadas
de la propia imaginación
y no con órdenes de una máquina
que reciben de regalo para no molestar a los demás.
Normal,
vivir normal,
comer normal,
hablar normal,
algo, que cada día, más y más
me parece imposible de alcanzar.

Nubes

Las nubes
bajaron a pasearse
serenamente
sobre el río,
mientras que los muertos
en sus heladas tumbas
cubiertas de nieve,
se mueren de frío.

Incongruencias

El mundo da vueltas
con todas estas incongruencias:
minas enterradas,
amenazas
defensas
riesgo de pisar
sólo para buscar agua...

El mundo sigue
a pesar de nuestras incongruencias:
dietas por un lado
hambrunas por muchos otros
defensa del aborto
y holocaustos ignorados...

La vida continúa,
el mundo da vueltas
y nosotors nos mantenemos sordos,
ciegos y mudos ante las incongruencias.

Geografía

Navegarte por las olas de la mar,
abriéndome paso entre las montañas
de esa extraña y maravillosa geografía
de un cuerpo monumental,
no por grande ni exquisito,
sino por sensible, amoroso y entregado
al momento de ser, con la idea de eternidad
sellada apenas en un quejido,
amar y desear
en una celebración
de nuestra propia humanidad.

Raíces

Una tiene que aprender a vivir con las raíces arrancadas,
con la idea de que una vez transplantada, la vida reverdezca,
y con nuevos retoños vuelva a florecer como antaño,
fertilizada con la ilusión y la entereza de ser,
de pertenecer plenamente a una tierra...

Esa tierra que ahora se desmorona entre la pesadumbre,
la muerte, la impiedad y la incesante zozobra.
Tierra que nos vio nacer desnudos,
con una desnudez que lejos de terminar cada día se nota más.
¿Dónde han quedado esas caminatas nocturnas
con las que pretendíamos alcanzar la luna,
jugando a las escondidas
que ahora han dejado de ser juego
para convertirse en pesadilla?

Una mano que se aleja, otra que nos amenaza,
el temor de ser se acrecienta
y la posibilidad de volver se nos escapa.
Nuestras raíces penetran profundamente,
hundidas más y más en la añoranza de esa tierra
que nos tiene extraviados, que se extravía en el horizonte
de un retorno cada vez más imposible...

Con un hacha nos están cortando el tronco
y cada golpe nos doblega,
nos ahonda la fisura que marca
las dos mitades de nuestro corazón
en esa frontera del ayer y el hoy,
del allá y el aquí,
de una vida partida en dos.

Reafirmación de la escritura

Nos atrevemos a soñar
a derramar entre líneas
cada una de las verdades
que nos acorralan.

El misterio de la noche
se confunde con el de la muerte
nos ciega,
nos mutila,
nos ata,
nos impide la posibilidad de creer
que podemos salir de este hervidero de violencia.

Con palabras tejemos
el manto para los que han de pasar
vencidos por el destino
que los otros les inventaron
y que de un tajo,
literalmente,
han cortado su existencia.

Nos atrevemos a escribir
para no olvidar que somos,

que todavía vivimos
que aún sentimos...

Nos atrevemos, con palabras,
a forjar la sencilla, la simple,
la fundamental posibilidad
de que existimos.

¡Qué dicha poder aceptar la muerte
y dejarse caer liviana y maravillosamente
como un copo de nieve
para desvanecerse...!

A los muertos les pido vida
para seguir mi camino...

Contenido

Entre libélulas...7

Abrazo 9

De la mano 10

Café...11

Hombre..12

Entre dos mares..13

Como agua 15

En lugar 16

Parler...17

Petrificada 18

Umbral..19

Camino de ciegos 20

Telarañas 21

Zozobra..23

Duende de soya 25

Arena 26

Fantasma 27

Ulular citadino..29

Hijas de la luna 30

Pour la langue française 31

Aura 32

Esquiva..33

Vano intento...34

A ciegas 35

Verdad...37

Árbol 38

De otro planeta 39

Tres mujeres 40

Alma 41

Lluvia 42

Cisura..43

Emanas poesía 44
Agua clorada 45
Mariposa amarilla 46
Dos planetas 47
Espejo 49
Amie 51
De paso 52
¿A quién...? 53
Chemins 54
Caída 55
Santa Frida 57
Agua 58
Secreto 59
Tres sílabas 61
Amanecer urbano 62
Tiempo 63
Sorbo 65
Frío 66
Perdonarte 67
Homeless 69
Libélula 71
Metro citadino 72
Nube 73
Tierra 74
Partir 75
Luz 76
Mutilada 77
Orfandad 79
Tortilla 81
Nopalera 82
Mi nebilungo azul 83
Búsqueda 85
Una en dos 86
Mendoza 87
Dormir 88
Estatura 89
Honduras 91

Relación 93
Invento...94
Los desterrados 95
Memoria visceral 97
Maravillosamente...................................99
Hornilla 100
Niño 101
Soberana..103
Oriente...106
Sepelio..107
Memoria 108
Sacudida...109
En busca de la luna................................110
Lenguas...111
Mochila...113
Normal 115
Nubes..118
Incongruencias..119
Geografía 120
Raíces..121
Reafirmación de la escritura 123
Muerte 125

www.ingramcontent.com/pod-product-compliance
Lightning Source LLC
Chambersburg PA
CBHW051835040426
42447CB00006B/540